BEI GRIN MACHT SICH IHR WISSEN BEZAHLT

- Wir veröffentlichen Ihre Hausarbeit,
  Bachelor- und Masterarbeit

- Ihr eigenes eBook und Buch -
  weltweit in allen wichtigen Shops

- Verdienen Sie an jedem Verkauf

Jetzt bei www.GRIN.com hochladen
und kostenlos publizieren

Gründung eines Fitnessstudios. Konstitutive Parameter und Unternehmensorganisation

Maurice Bahn

Bibliografische Information der Deutschen Nationalbibliothek:

Die Deutsche Nationalbibliothek verzeichnet diese Publikation in der Deutschen Nationalbibliografie; detaillierte bibliografische Daten sind im Internet über http://dnb.d-nb.de abrufbar.

ISBN: 9783346635846
Dieses Buch ist auch als E-Book erhältlich.

© GRIN Publishing GmbH
Nymphenburger Straße 86
80636 München

Alle Rechte vorbehalten

Druck und Bindung: Books on Demand GmbH, Norderstedt Germany
Gedruckt auf säurefreiem Papier aus verantwortungsvollen Quellen

Das vorliegende Werk wurde sorgfältig erarbeitet. Dennoch übernehmen Autoren und Verlag für die Richtigkeit von Angaben, Hinweisen, Links und Ratschlägen sowie eventuelle Druckfehler keine Haftung.

Das Buch bei GRIN: https://www.grin.com/document/1192332

Deutsche Hochschule für
Prävention und Gesundheitsmanagement
Hermann Neuberger Sportschule 3
66123 Saarbrücken

Projektarbeit

Name, Vorname	Bahn,Maurice
Modul	Interdisziplinär
Studiengang	BFÖ
Datum Präsenzphase	09.11-13.11.2020
Studienort	Köln
Arbeitsgruppe*	Gesundheitsstudio
Gruppenarbeit/Aufgabenstellung*	1. und 2.

(*gemäß Auslosung Präsenzphase)

Inhaltsverzeichnis

1 Konstitutive Parameter für eine Fitnessanlage

Im Rahmen dieser Arbeit gilt es, unter Berücksichtigung konstitutiver Entscheidungen ein Fitnessunternehmen zu gründen. Nach Olfert und Rahn (2010, S.48) legen konstitutive Entscheidungen einen langfristigen Handlungsrahmen eines Unternehmens fest. Ein wesentlicher Faktor ist die Wahl des Standorts an dem sich das Unternehmen platziert (Wöhe & Döring 2005, S. 247). Da nach Wöhe und Döring (2005, S.304) falsche Entscheidungen bezüglich des Standortes schwer revidierbar sind und kostenintensive Konsequenzen mit sich ziehen können, sollte die Wahl des Standortes wohl überlegt sein und Standortbezogene Faktoren im Vorfeld beachtet werden.

1.1 Wesentliche Standortfaktoren eines Fitnessunternehmens

Im folgenden werden Faktoren welche bei der Wahl des Standortes eines Unternehmens von entscheidender Bedeutung sind tabellarisch dargestellt.

Tabelle 1: Darstellung der wesentlichen Standortfaktoren eines Fitnessunternehmens und mögliche Quellen zur Informationsbeschaffung (modifiziert nach Wöhe & Döring, 2005, S.304 ff.)

Standortfaktoren	Quellen
Wettbewerbssituation im Marktgebiet • Anzahl der Mitbewerber • Positionierung	• Umgebungsanalyse via Stadtplan oder Internet • Internetauftritt der Konkurrenz
Demografische Daten • Alterstruktur	• Statistisches Bundesamt • Einwohnermeldeamt
Bestimmung des Absatzmarktes • Einzugsgebiet • Kaufkraft im Markgebiet	• Größe des Marktgebiets via Zeit-Distanz Methode • Kaufkraft im Marktgebiet: IHK, Gesellschaft für Konsumforschung (GfK)
Verfügbarkeit von Immobilien • Verfügbarkeit • Größe • Mietpreis, Kaufpreis	• Stadtverwaltung • Immobilienportale • Mietspiegel
Infrastruktur • Verkehrsanbindung für Kunden • Parkplätze	• Verkehrsplanungsamt • Stadtkarte des Marktgebiets • Google Maps
Personal • Verfügbarkeit • Qualifikation • Kosten	• Bundesagentur für Arbeit • Jobbörsen • Eigene Homepage

1.2 Firmenname und Logo

Der Name des geplanten Gesundheitsstudios in Alsdorf lautet „Fit for Life Gesundheitszentrum". Das Studio steht für Kraft und Gesundheit durch körperliche Aktivität. Nach
Birkigt, Stadler und Funck (2002, S.193) kann ein Unternehmen seine Positionierung
am stärksten durch ein einprägsames Firmenlogo, auch Corporate Design genannt, nach
außen kommunizieren. Durch das Logo soll ein Einblick in das Unternehmen entstehen
und eine Identifikation mit dem Unternehmen ermöglichen (Becker, 2013, S.639). Das
nachfolgend dargestellte Firmenlogo soll die Werte des Gesundheitsstudios nach außen
kommunizieren.

Abbildung 1: Firmenlogo des Fit for Life Gesundheitszentrums Alsdorf

1.3 Wahl des Standorts

Der gewählte Standort des Fit for Life Gesundheitszentrums befindet sich an der Bahnhofstraße 37-41 in 52477 Alsdorf und befindet sich in unmittelbarer Nähe des Einkaufs-
zentrums „Anna-Park-Center". Im Rahmen der Aufgabenstellung werden folgend die in
Kapitel 1.1 tabellarisch dargestellten Standortfaktoren, bezogen auf den geplanten Un-
ternehmensstandort des Fit for Life Gesundheitszentrums dargestellt und erläutert.

1.3.1   Wettbewerbssituation im Marktgebiet

Zur Beurteilung der Wettbewerbssituation des Gesundheitsstudios ist es zunächst notwendig das Einzugsgebiet zu bestimmen.

Hierzu wurde die Zeit-Distanz Methode nach Zimmermann (2002, S.45) angewandt. Hierbei wird angenommen, dass Kunden die Erreichbarkeit eines Standorts danach beurteilen, wieviel Zeit Sie investieren müssen um den Standort zu erreichen.

Es wird angenommen das mögliche Interessenten maximal 15 Minuten Zeit aufwenden möchten um den Standort des Fit for Life Gesundheitszentrums zu erreichen.

Mithilfe einer Webseite (www.openrouteservice.com) kann mithilfe der Zeit das Einzugsgebiet um einen Standort bestimmt werden. In der folgenden Abbildung ist das Einzugsgebiet des Fit for Life Gesundheitsszentrums dargestellt.

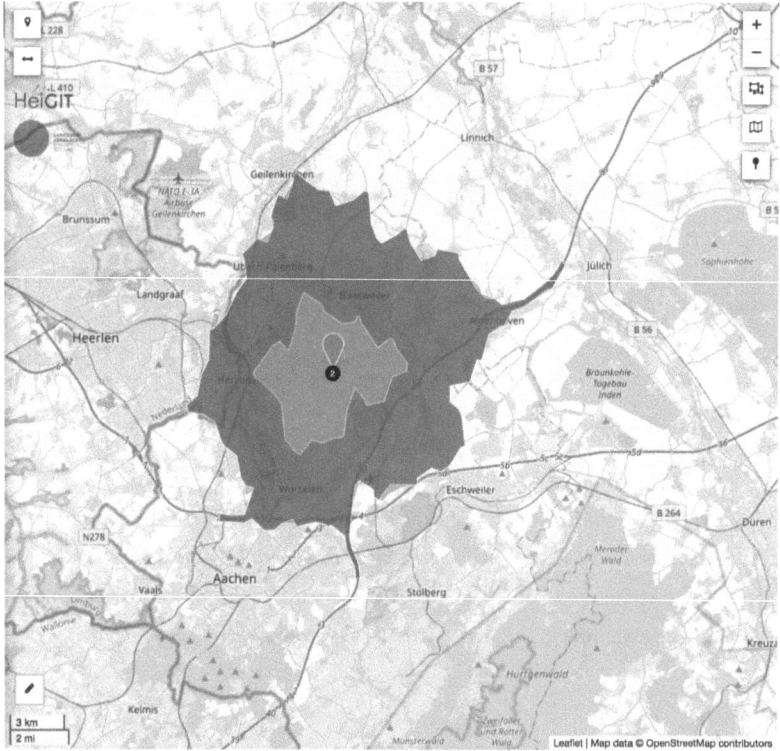

Abbildung 2: Darstellung des Einzugsgebiets des Fit for Life Gesundheitszentrums Alsdorf (openrouteservice, 2020)

Zur Analyse des Wettbewerbs in der Umgebung wurde die Adresse des Gesundheitsstudios in das Suchfeld des Kartenservices von Google eingegeben (www.maps.google.com) und nach konkurrierenden Fitness und Gesundheitsstudios in der Nähe gesucht. Die Umgebungsanalyse ergab zwar mehrere Fitnessanbieter im Einzugsgebiet, jedoch nur einen weiteren Anbieter mit ähnlicher Produktpolitik wie das Fit for Life Gesundheitszentrums Alsdorf. Dies ist das Sport-Forum Alsdorf und neun Autominuten vom Standort des Fit for Life entfernt. Eine Preisstruktur des Mitbewerbers ist über den Internetauftritt des Mitbewerbers nicht ersichtlich, jedoch ist die Produktvielfalt des Mitbewerbers zu berücksichtigen und die eigene Produktpolitik um weitere Leistungen zu ergänzen (maps.google, 2020, Sport-Forum Alsdorf, 2020).

1.3.2   Demografische Daten

Das Gesundheitsstudio richtet seine Produktpolitik und Positionierung im Marktgebiet an eine Zielgruppe im Alter von 35-70 Jahren. Um zu ermitteln wie stark die Zielgruppe im Marktgebiet vertreten ist, ist es notwendig demographische Daten des Standortes zu ermitteln. Nachfolgend wird die Altersstruktur der Kommune Alsdorf dargestellt.

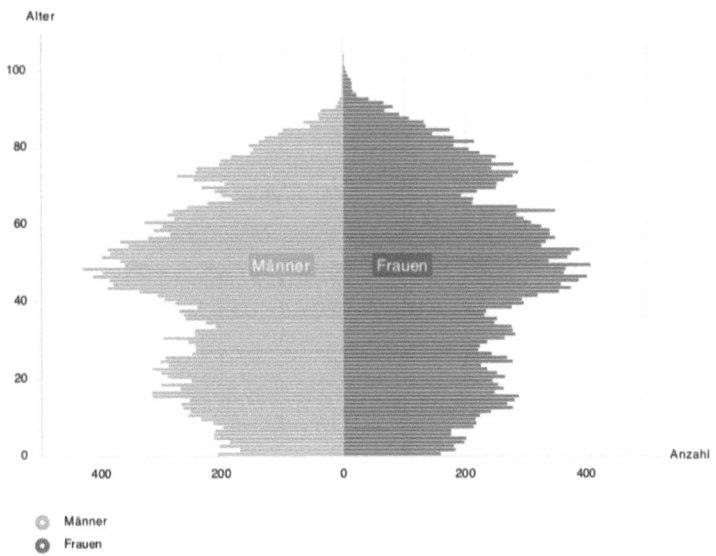

Abbildung 3: Bevölkerungspyramide 2012 aus dem Demographiebericht der Kommune Alsdorf (wegweiser-kommune, o.J.)

Die Bevölkerungspyramide des Alsdorfer Demographieberichtes zeigt eine deutlich er-
höhte Bevölkerungszahl bei Männern und Frauen ab dem 40. bis hin zum 60. Lebens-
jahr. Dies bedeutet für das geplante Gesundheitsstudio, dass die Zielgruppe am stärksten
im Marktgebiet vertreten ist.

1.3.3   Bestimmung des Absatzmarktes

Zur Abschätzung der Erfolgsaussichten eines Unternehmens ist es im Vorfeld empfeh-
lenswert wirtschaftliche Faktoren wie die Kaufkraft des Einzugsgebietes im Vorfeld zu
recherchieren. Nach Pepels (2012, S.633) stellt die Kaufkraft einen wichtigen Faktor zur
Beurteilung eines Marktgebietes dar. Hierbei wird die Kaufkraft des Marktgebietes ins
Verhältnis zur durchschnittlichen Kaufkraft in Deutschland gesetzt und miteinander ver-
glichen. Als Referenzwert gilt ein Kaufkraftindex von 100. Liegt der Index unter dem
Wert von 100 gilt die Kaufkraft als unterdurchschnittlich, liegt er darüber gilt die Kaufkraft als überdurchschnittlich. Eine Erhebung der Industrie und Handelskammer Aachen
ermittelt für 2020 eine Kaufkraft in Alsdorf von 85,6 und liegt damit unter dem bundes-
weiten Durchschnitt (IHK, 2020).

1.3.4   Verfügbarkeit von Immobilien

Wie bereits in Kapitel 1.3 beschrieben, befindet sich der Standort des Unternehmens des
Fit for Life Gesundheitszentrums in 52477 Alsdorf an der Bahnhofstraße 37-41. Die
Gewerbefläche wurde eigens mithilfe von Internetrecherche in einem Immobilienportal
entdeckt. Die Fläche des Grundstücks beträgt 505m². Die Mietkosten betragen 7,50€/m²
monatlich zuzüglich 2€ Nebenkosten pro m² (immobilienscout24, 2020).

1.3.5   Infrastruktur

Die Analyse der Umgebung des Gesundheitsstudios umfasst ebenfalls die örtlich gege-
bene Infrastruktur im Einzugsgebiet. Wie in Tab. 1 beschrieben, gehören zur Infrastruktur die Verkehrsanbindung für Kunden und ebenfalls die Parkplatzsituation. Es bieten
sich gleich mehrere Möglichkeiten den Standort zu erreichen. Mit der Regionalbahn ist
die Haltestelle „Alsdorf Annapark" zu erreichen. Ab der Haltestelle müssen lediglich

elf Minuten Fußweg zurückgelegt werden um die Bahnhofstraße 37-41 (Maps.Google 2020a) Den Linienbusverkehr der Region Aachen stellt die Aachener Straßenbahn und Energieversorungs AG (ASEAG) bereit. Die ASEAG bietet ein flächendeckendes Angebot für die gesamte Stadt an. Wie folgend dargestellt ist die Bahnhofstraße, sowie das Anna-Park-Center mit mehreren Linienbussen zu erreichen.

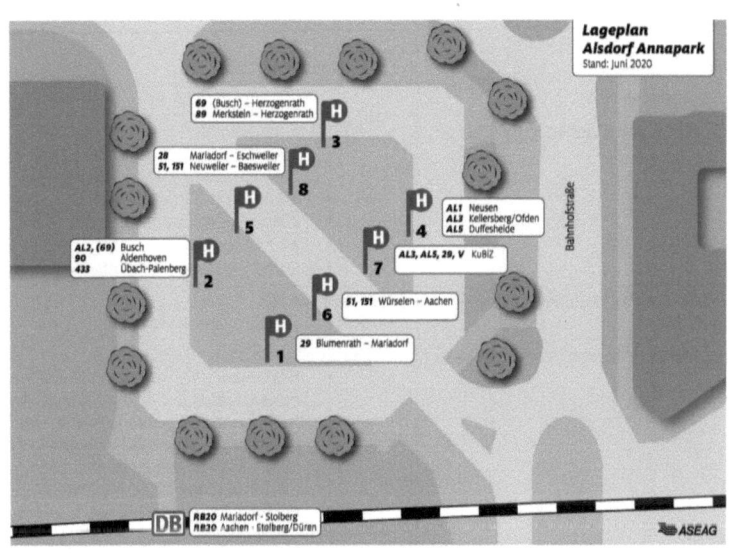

Abbildung 4: Lageplan Alsdorf Annapark (ASEAG, 2020)

Für Kunden die das Gesundheitszentrum mit dem Auto erreichen wollen, bietet sich die Möglichkeit, am Zentralparkplatz nahe des Willi-Brandt Rings zu Parken. Von hier aus ist das Studio laut Maps.Google (2020a) fußläufig innerhalb von drei Minuten zu erreichen. Eine weitere Parkmöglichkeit bietet sich am „P+R Annapark". Dieser Parkplatz ist jedoch 1,2 km vom Standort des Gesundheitsstudios entfernt.

1.3.6 Personalbeschaffung

Zur Beschaffung von qualifizierten Mitarbeitern bestehen mehrere Möglichkeiten. Mithilfe von selbst erstellten bzw. in Auftrag gegebenen Stellenanzeigen bei der Bundesagentur für Arbeit (Bundesgentur für Arbeit, 2020) oder weiteren Jobbörsen im Internet wie beispielsweise Stepstone, ist es jedem Unternehmen möglich Stellenanzeigen zu inserieren (Stepstone, 2020). Auch eine eigene Webseite kann zur Stellenausschreibung genutzt werden.

1.4 Rahmenparameter

Nachfolgend werden die Rahmenparameter des Gesundheitsstudios dargestellt.

Tabelle 2: Rahmenparameter des Fit for Life Gesundheitszentrums Alsdorf

Rahmenparameter	Gesundheitsstudio
Standortfaktoren	
Studiogröße und Flächenverteilung	505,03m² insgesamt • 350m2 für Trainingsfläche, Eingangs-bereich, Lounge,Theke und Sauna • 30m2 Büro Studioleitung • 20m2 Pausenraum Personal, • 100m2 Kursraum • 50m2 Elektonischer Kraftzirkel
Durchschnittliche Raumkosten pro qm (inkl. Nebenkosten)	7,50€+2€ NK 3787,73€+ 1010,06€ = 4797,79€
Angebotsbereiche und Produktpolitik :	Basismitgliedschaft : • Krafttraining an modernen Kraft/-Aus-dauergeräten und freien Gewichten • Anamnese und personalisierte Trai-ningsplanung nach Abschluss einer Mitgliedschaft und Personaltraining mit Einweisung in die Funktion der Kraftgeräte • 3 kostenfreie Probetrainings für Basis-Mitglieder am Zusatzangebot • Gruppenkurse und Rehabilitations-sport nach §64 SGB IX (Krankengym-nastik, Funktionstraining) • limitierter Zugang zu Saunabereich Lounge • Getränke Flatrate
	Premium-Mitgliedschaft : • Elektronischer Kraftzirkel • Ermäßigte Physiotherapie-/Massage-behandlungen bei Kooperationspart-nern in der Umgebung • Messung der Körperzusammenset-zung • Ernährungsberatung • unlimitierter Zugang zumSaunabe-reich

Tabelle 3: Rahmenparameter des Fit for Life Gesundheitszentrums Alsdorf

Öffnungszeiten	• 06:00-22:00 (Mo-Fr) • 06:00-15:00 (Sa-So)
Kurseinheiten/Woche	20 Kurse
Preisstruktur : Laufzeiten und Preise	50 € monatlich bei 24-Monats-Mitgliedschaft 60 € monatlich bei 12-Monats-Mitgliedschaft einmalig 30€ Anmeldegebühr (inkludiert erste Anamnese, Geräteeinweisung und Basis-Trainingsplan) 10 € monatlich für Premium-Mitgliedschaft. 15 € Servicegebühr pro Quartal
Mitgliederzahl am Anfang des Jahres	450 MG
Mitgliederzahl Ende des Jahres (Ziel)	550 MG

Die Immobilie des Gesundheitsstudios bietet $505,03\,m^2$ Platz für das gesamte Angebot des Fit for Life Gesundheitszentrums. Miet-und Nebenkosten betragen monatlich insgesamt 4797,79€. Um ein attraktives Angebot zu bieten wurden Produkte entwickelt, welche an den Bedürfnissen der Zielgruppe, den Leistungen des Mitbewerbers und eigenen Wünschen ausgerichtet sind. Nach Meffert, Burmann und Kirchgeorg (2012, S.385) ist genau diese Ausrichtung der Produkte auf die Bedürfnisse der Nachfrager entscheidend für den Unternehmenserfolg. Die Preisstruktur richtet sich nach den Kosten welche durch Miete und Nebenkosten und Personal verursacht werden. Im Rahmen der Preisbildung wurde sich an den Kostenrichtwerten zur Existenzgründung des DSSV orientiert. Diese bieten einen ersten Richtwert zur Kontrolle der Kosten und werden folgend dargestellt.

Tabelle 4 Kostenarten und Kostenrichtwerte für Existenzgründer (modifiziert nach, DSSV, 2020)

Kostenarten	Kostenrichtwerte
Betriebskosten : Warmwasser, Abwasser, Heizung , Energiekosten	2,50€-3,00€ pro m²

Wie in Tabelle 2 dargestellt, betragen die Nebenkosten der Immobilie 2€ pro m^2 und unterschreiten somit den Richtwert des DSSV.

Tabelle 5 Kostenrichtwerte in % vom Nettoumsatz für Existenzgründer (modifiziert nach, DSSV, 2020)

Kostenrichtwerte in % vom Nettoumsatz	Maximal	Optimal
Raumkosten	18-20 %	16,00%

Die voran dargestellten Richtwerte bilden das Ziel des Unternehmens und eine Orientierung zur Gestaltung des Preises und ein Instrument zur Kontrolle der Wirtschaftlichkeit des Unternehmens.

1.5 Unternehmensform

Das Gesundheitsstudio wird zwecks Gründung einerGesellschaft bürgerlichen Rechts (GbR) mit einer weiteren Person gegründet, da zur Gründung mindestens zwei Gesellschafter erforderlich sind (Oehlrich, 2019, S.172). Die Wahl zur Gründung einer GbR ist erfolgt, da beide Gesellschafter nicht über genügend Eigenkapital verfügen um eine GmbH zu gründen.

Zur Gründung einer GbR ist kein Mindestkapital notwendig. Jedoch haften nach §128 HGB beide Gesellschafter den Gläubigern gegenüber uneingeschränkt mit dem Privatvermögen als Gesamtschuldner (Oehlrich, 2019, S.172). Nach § 735 BGB haften hierbei beide Gesellschafter mit dem eigenen Vermögen bei Verlusten. Der Gewinn des Unternehmens werden ebenfalls zu gleichen Anteilen aufgeteilt.

Nach Erreichung eines Kapitals von 25000€ beabsichtigen die beiden Gesellschafter die Gründung einer GmbH, aufgeteilt zu jeweils zwei gleichgroßen Anteilen a 12500€ je Person. Diese Vorraussetzungen müssen nach § 5 und §7 GmbHG gegeben sein um eine GmbH zu gründen. Dies bietet den beiden Gesellschaftern nach Gründung die Möglichkeit, die eigene Haftung des Unternehmens auf das Stammkapital zu beschränken und nicht mit dem Privatvermögen haften zu müssen (Preusser, 2007, S. 115).

1.6 Mögliche Risiken des Unternehmens

Um die Existenz des Gesundheitsstudios nicht durch äußere Einflüsse zu gefährden, ist es notwendig es gegen mögliche Sach- und Vermögensrisiken abzusichern. Bezüglich der Sachrisiken wird das Fit for Life Gesundheitszentrum zukünftig das Gebäude gegen Feuer, Explosionen und Blitzschläge, Sturm und Hagel, Aufrechterhaltung der Zufuhr von Leitungswasser, Einbruchdiebstahl und Glasbruch versichert. Dies soll einen reibungslosen Ablauf des Betriebes sichern und mögliche Ausfälle durch zuvor genannte

11/18

Ereignisse vermeiden. Zusätzlich sollen Risiken wie der Ausfall von Elektronikgeräten versichert werden. In der heutigen Zeit sind Arbeitsprozesse und wichtige Daten immer häufiger digital gesichert. Ein Verlust der Daten kann den Betriebsablauf stören. Ebenfalls werden gewerblich genutzte Fahrzeuge des Unternehmens durch eine KfZ-Versicherung gegen Unfälle und sonstige Einflüsse von außen geschützt. Sachrisiken bedeuten für ein Unternehmen, ebenfalls Risiken in Bezug auf das Unternehmensvermögen. Wird das Unternehmensvermögen gemindert und Arbeitsplätze gefährdet, so sollte sich ein Unternehmen ebenfalls um die Sicherung der Existenz seiner Mitarbeiter sorgen. Hierzu wird eine Versicherung abgeschlossen , welche eine Entgeltfortzahlung sichert, wenn das Unternehmen nicht mehr fähig ist, diese selbst zu leisten.

2 Unternehmensorganisation

Die Aufbauorganisation oder auch Unternehmensorganisation eines Unternehmens stellt nach Wöhe und Döring (2013, S.103) langfristige Entscheidungen und die Struktur eines eines Unternehmens dar. Hierzu zählen nach den Autoren die Beziehungen zwischen den einzelnen Personen und den Abteilungen.

2.1 Organigramm des Fit for Life Gesundheitszentrums

Nachfolgend wird die Unternehmensorganisation des Fit for Life Gesundheitszentrums in Form eines Organigramms dargestellt.

SK=Servicekraft

Abbildung 5: Organigramm des Fit for Life Gesundheitszentrums Alsdorf

Die Leitung des Unternehmens obliegt allein der Geschäftsführung. Sie nimmt im Unternehmen die höchste Stellung ein und ist allen unter der Geschäftsführung stehenden Abteilungen gegenüber weisungsbefugt. Direkte Berichterstattung über Vorgänge im Unternehmen erhält die Geschäftsführung von der Verwaltung und der Studioleitung. Diese beiden Abteilungen sind in der Rangordnung gleichgestellt. Die Verwaltung hat die Aufgabe das Personal, die Lohnbuchhaltung und Mitgliedschaften zu verwalten. Sie ist ebenfalls zuständig für Rückfragen der Mitglieder des Studios zu finanziellen Fragen . Die Studioleitung ist das oberste Organ des Studios und Bindeglied zwischen Mitarbeitern und der Geschäftsführung. Die Studioleitung führt die aufgetragenen Aufgaben der Geschäftsführung durch und verfügt über die Leitung des Studios, deren Mitarbeiter und Bereichsleiter. Die Verantwortung der Abteilungen Service, sowie Training und Verkauf ist den jeweiligen Bereichsleitern zugeteilt. Sie legen die Arbeitsabläufe der Mitarbeiter fest, kontrollieren die ordnungsgemäße Durchführung anhand von Kennzahlen und Berichten an die Studioleitung. Auf der untersten Ebene des Organigramms befinden sich die Mitarbeiter der beiden Abteilungen. Sie kommunizieren untereinander über Arbeitsabläufe, sind jedoch nicht befugt Anweisungen zu erteilen. Mitarbeiter der Abteilung Service sind für die Beratung der Mitglieder, die Annahme von Telefonaten, die Reinigung und den Verkauf von Nahrungsergänzungsmitteln und Getränken zuständig. Mitarbeiter des Bereiches Training und Verkauf führen die Betreuung der Mitglieder, Beratung von Interessenten am Telefon und auf der Trainingsfläche durch. Verkaufsgespräche, sowie die Neukundengewinnung gehören ebenfalls zu den Aufgaben der Trainer.

2.2 Verkaufsprozess einer Mitgliedschaft

Die im vorherigen Kapitel dargestellte Aufbauorganisation dient der statischen Erfassung der Aufgabenbereiche und der Organisationszusammenhänge. Die Ablauforganisation hingegen beschreibt die Zusammenhänge bzw. die Zusammenarbeit der einzelnen Abteilungen in einer dynamischen Betrachtung (Wöhe & Döring, 2013, S.117).
Die Ablauforganisation „umfasst die dauerhaft wirksame Gestaltung des dynamischen Beziehungszusammenhanges eines soziotechnischen Systems. Sie zeigt die Strukturierung des Prozesses der Aufgabenerfüllung durch zeitliche und räumliche Beziehungen..." (Olfert, 2006, S.47).

Nachfolgend wird die Ablauforganisation eines erfolgreichen Verkaufsprozesses einer Mitgliedschaft eines Walk-In´s und die Mitwirkung der einzelnen Abteilungen dargestellt und im Anschluss detailliert beschrieben.

Tätigkeiten	Service	Training/Verkauf	Verwaltung
1. Begrüßung des Interessenten			
2. Anbieten eines Getränks			
3. Ausfüllen einer Gästekarte			
4. Information des Beraters			
5. Aufbau des persönlichen Kontaktes			
6. Bedarfsanalyse			
7. Clubführung/Angebotspräsentation			
8. Abschluss einer Mitgliedschaft			
9. Aushändigen der Mitgliedschaftsmappe			
10. Terminvereinbarung Anamnese und 1. Training			
11. Verabschiedung			
12. Eingabe des neuen Mitglieds in die EDV			
13. Willkommens-Mail an das neue Mitglied			
14. Anfertigen und aushändigen eines neuen Mitgliederausweises			

Abbildung 6: Ablauforganisation des Verkaufsprozesses an einen Walk-In mit erfolgreichem Verkauf

Betritt ein Interessent das Studio, wird er zunächst freundlich vom Servicepersonal empfangen und begrüßt. Dem Interessenten wird vom Thekenpersonal eine Studioführung angeboten. Zur Studioführung muss vom Interessenten eine Gästekarte ausgefüllt werden, in der er seine persönlichen Daten und freiwillig ebenfalls Kontaktdaten angibt. Das Servicepersonal bietet dem Interessenten ein Freigetränk nach Wahl an und bietet Ihm an in der Lounge Platz zu nehmen. Während der Interessent die Gästekarte ausfüllt wird das Getränk zubereitet und ein freier Trainer über die Anwesenheit eines Interessenten informiert. Der diensthabende Trainer holt den Interessenten im Loungebereich ab und nimmt die Gästekarte an sich. Der Trainer führt nun die Studioführung mit dem Interessenten durch und verschafft sich einen Überblick über den Bedarf des Interessenten um für Ihn das passende Angebot zu finden. Nach Abschluss der Studioführung führleitet der Trainer ein Verkaufsgespräch im Trainerbüro ein. Es folgt der Abschluss der Mitgliedschaft. Hierzu wird dem neuen Mitglied gratuliert und eine Kopie der Mitgliedschaft, sowie eine Mitgliedschaftsmappe und ein Willkommensgeschenk überreicht. Im nächsten Schritt begleitet der Trainer das neu gewonnene Mitglied zum Empfang um einen Termin für die erste Anamnese und das erste Training zu vereinbaren. Der Trainer und das Servicepersonal verabschieden das neue Mitglied nun freundlich und wünschen ihm noch einen schönen Tag. Die Mitgliedschaft wird nun in das Fach der Verwaltung gelegt und diese über das neu gewonnene Mitglied informiert. Die Verwaltung holt diese nun am Empfang ab und pflegt die Daten des neuen Mitglieds in das EDV-System ein. Sobald das neue Mitglied sein erstes Training und die Anamnese wahrnimmt, stellt das diensthabende Servicepersonal dem neuen Mitglied am Empfang seinen persönlichen Mitgliedsausweis aus.

2.3 Verkaufskennzahlen

Zur Beurteilung des Erfolgs der im vorherigen Kapitel beschriebenen Ablauforganisation des Verkaufsprozesses,werden von dem Bereichsleiter Training und Verkauf Verkaufskennzahlen erhoben und an die Studioleitung weitergeleitet. Verkaufskennzahlen sind nach Vollmuth (2002, S.30 f.) ein wesentlicher Bestandteil des Verkaufsinformationswesens und der Qualitätssteuerung. Anhand der Verkaufskennzahlen lassen sich Vergleiche zu ähnlichen Unternehmen am Markt. Nachfolgend werden drei Kennzahlen der zuvor beschriebenen Ablauforganisation erläutert und beschrieben.

Eine entscheidende Kennzahl im Verkaufscontrolling ist die Telefonquote. Sie gibt an wieviele Termine aus der Gesamtheit der Interessentenanrufe vereinbart werden.

Die Formel lautet : Anzahl der vereinbarten Beratungstermine / Anzahl der Interessentenanrufe x 100. Diese Quote kann nach Wöhe und Döring (2002, S.215) durch geschuktes Verhalten gesteigert werden.

Darauf aufbauend kann durch die Termineinhaltungsquote verdeutlicht werden, wieviele der Interessenten zum vereinbarten Termin erscheinen. Hier lautet der Rechenweg : Anzahl der erschienenen Beratungstermine / Anzahl der vereinbarten Beratungstermine x 100.

Die wichtigste Kennzahl im Verkauf ist die Abschlussquote. Sie gibt an, bei wievielen Beratungen es zu einem Verkauf der Dienstleistung kommt.

Hier lautet die Formel : Anzahl der abgeschlossenen Mitgliedschaften / Anzahl der durchgeführten Beratungen x 100

3 Literaturverzeichnis

ASEAG, (2020). *Lageplan Alsdorf Annapark.* Zugriff am : 26.11.2020. Verfügbar unter : https://www.aseag.de/fileadmin/user_upload/documents/Haltestellenlageplaene/Lageplan_Alsdorf_Annapark.pdf

Becker, J. (2013). *Marketing-Konzeption. Grundlagen des ziel-strategischen und operativen Marketing-Managements* (10. Aufl.). München: Vahlen.

Birkigt, K., Stadler, M. M. & Funck, H. (2002). *Corporate Identity. Grundlagen, Funkti- onen, Fallbeispiele* (11., überarbeitete und aktualisierte Aufl.). München: Verlag Moderne Industrie.

DSSV, (2020). *Kostenrichtwerte.* Zugriff am 30.11.2020. Verfügbar unter : https://www.dssv.de/existenzgruendung/allgemeine-gruendung/kostenrichtwerte/

IHK, (2020). Zugriff am : 23.11.2020 Verfügbar unter : https://www.aachen.ihk.de/blueprint/servlet/resource/blob/605124/ce3924a64afab37b1b4f6ee5c59691ca/mb-research-komplett-data.pdf

Maps.Google, (2020). Zugriff am : 18.11.2020. Verfügbar unter : https://www.google.de/maps/search/fitnessstudio/@50.8717297,6.0878564,12z/data=!4m8!2m7!3m6!1sfitnessstudio!2sBahnhofstraße+37,+52477+Alsdorf!3s0x47c0a18d44e1b5b3:0x180a5f6fde1598b9!4m2!1d6.1578943!2d50.8717311

Maps.Google, (2020a). Zugriff am 26.11.2020. Verfügbar unter : https://www.google.com/maps/place/Bahnhofstraße+37,+52477+Alsdorf/@50.8717311,6.1557056,17z/data=!3m1!4b1!4m5!3m4!1s0x47c0a18d44e1b5b3:0x180a5f6fde1598b9!8m2!3d50.8717311!4d6.1578943

Meffert, H., Burmann, C., Kirchgeorg, M. (2012): *Marketing. Grundlagen marktorientierter Unternehmensführung* (11., überarbeitete und erweiterte Aufl.) Wiesbaden: Gabler.

Oehlrich, M. (2019). Betriebswirtschaftslehre: Eine Einführung am Businessplan-Prozess (4. überarbeitete und aktualisierte Aufl.). München: Vahlen.

Olfert, K. (2006). *Organisation* (14., überarbeitete und aktualisierte Aufl.). Ludwigshafen: Kiehl.

Olfert, K., Rahn, H-J. (2010). *Einführung in die Betriebswirtschaftslehre* (10., verbesserte und aktualisierte Aufl.). Herne: Kiehl.

Openrouteservice, (2020). *Bahnhofstraße 37, Alsdorf, Aachen, Nordrhein-Westfalen, Germany.* Zugriff am : 18.11.2020. Verfügbar unter : https://maps.openrouteservice-.org/reach?

n1=50.831096&n2=6.068401&n3=12&a=50.871411,6.158639&b=0&i=0&j1=15&j 2=7&k1=en-US&k2=km

Pepels, W. (2012). *Handbuch des Marketing* (6., überarb. und erw. Aufl.). München: Oldenbourg.

Preusser, J. (2007). *Gesellschaftsrecht Basiswissen.* München: Haufe.

Sport-Forum-Alsdorf, (2020). *Leistungen.* Zugriff am 30.11.2020. Verfügbar unter : https://sport-forum-alsdorf.de/leistungen/

Vollmuth, Hilmar J. (2002): *Kennzahlen* (2., überarbeitete Aufl.). Freiburg im Breisgau: Haufe (TaschenGuide, 13).

Wegweiser-Kommune, (o.J). Demographiebericht – Ein Baustein des Wegweisers Kommune. Alsdorf (AC). Zugriff am 23.11.2020. Verfügbar unter : https://www.google.com/url?

sa=t&rct=j&q=&esrc=s&source=web&cd=&cad=rja&uact=8&ved=2ahUKEwjy2b-z0_ZftAhUJ36QKHcEhCVIQFjAAegQIBhAC&url=https%3A%2F%2Fwww.wegweiser-kommune.de%2Fkommunale-berichte%2Fdemographiebericht%2Falsdorf-ac.pdf&usg=AOvVaw0ZR1oqtDaPNqwBSP-K4vQr

Wöhe, G. & Döring, U. (2002). *Einführung in die Allgemeine Betriebswirtschaftslehre*

(21. neubearbeitete Aufl.). München: Vahlen

Wöhe, G., Döring, U. (2005): *Einführung in die Allgemeine Betriebswirtschaftslehre* (22. neubearbeitete Aufl.). München: Vahlen.

Wöhe, G., Döring, U. (2013). *Einführung in die Allgemeine Betriebswirtschaftslehre Vahlens Handbücher der Wirtschafts- und Sozialwissenschaften* (25., überarbarbeitete und aktualisierte Aufl.). München: Vahlen.

4 Abbildungs- und Tabellenverzeichnis

4.1 Abbildungsverzeichnis

Abbildungsverzeichnis

4.2 Tabellenverzeichnis

Tabellenverzeichnis

BEI GRIN MACHT SICH IHR
WISSEN BEZAHLT

- Wir veröffentlichen Ihre Hausarbeit,
  Bachelor- und Masterarbeit

- Ihr eigenes eBook und Buch -
  weltweit in allen wichtigen Shops

- Verdienen Sie an jedem Verkauf

Jetzt bei www.GRIN.com hochladen
und kostenlos publizieren